AF179050

Über das Buch

Um meiner Freude an Worten, Versen und Reimen nachgehen zu können, trage ich immer Büchlein und Stift in meiner Hemdbrusttasche mit mir. So resultieren die über Jahre hinweg in meinen Notizbüchern gesammelten Beiträge weitgehend aus der Beobachtung konkreter Situationen, Begebenheiten und Menschen.

Eigentlich sollte die vorliegende Auswahl „Gedankenstapel" heißen. Weil nun aber bei der Aufnahme des Bildes für den Buchumschlag ein Hammer auf meinem wieder einmal unaufgeräumten Schreibtisch zwischen Blättern, Heften, Büchern und Stiften lag, wollte der Titel erweitert werden.

Natürlich ist der Begriff „Sprüche klopfen" eher negativ besetzt – aber er wird den Kalauern unter den Wortspielen genauso gerecht wie vielleicht das „Worte pflegen" den Aphorismen. – Deshalb musste dann auch eine Feder noch auf das Umschlagsbild.

Hans-Werner Lücker im Dezember 2016

Über den Autor

Hans-Werner Lücker, geboren 1953, ist Gymnasiallehrer mit den Fächern Physik, Mathematik und Informatik. Er widmet sich seit acht Jahren in seiner Freizeit dem Schreiben und dabei vor allem der Lyrik. Nach seiner Pensionierung im Jahr 2017 plant er, weitere in seinen Notizbüchern ruhende Beiträge herauszugeben und neue Projekte in Angriff zu nehmen.

Hans-Werner Lücker

Gedanken
stapeln
Worte
pflegen
Sprüche
klopfen

Aphorismen und Wortspiele
von A bis Z

www.tredition.de

Abschied

Ich kann mir sagen: „So war 's gut!"
und mag den Spruch euch weitergeben:

Zufriedenheit färbt rot das Blut
und lässt uns noch ein Weilchen leben.

*Gewidmet der Schulgemeinschaft des Gymnasiums, an
dem ich den schönsten Beruf der Welt ausüben durfte.*

© 2016 Hans-Werner Lücker

Verlag: tredition GmbH, Hamburg
ISBN: 978-3-7345-6322-5 (Paperback)
      978-3-7345-6323-2 (Hardcover)
      978-3-7345-6324-9 (ebook)
Printed in Germany

INHALT

1. Abseits

Abseits

Wer sich ins Abseits stellt
darf sich nicht wundern,
wenn er nicht angespielt wird.

Anfeuern

Willst du die Misstracht anfeuern,
musst du ihr nur einen einzigen Funken
Aufmerksamkeit schenken.

Augenhöhe

Wer zu häufig den Blick senkt
verliert seine Augenhöhe.

A Liter Ration

Wünscht Waldi nach dem Weißwurstessen
– obwohl er wankt wahrhaftig schon –
zwei weit're Weizen sich vermessen,
nennt er 's: A Liter (Weg)Ration.

Ant–wörtlich

„Geht dein Sohn schon lang so schief
und trägt grausam wirr sein Haar?"
„Habe ihn verzogen – schnief –
ist verfönt nun ganz und gar."

„Hast du Müllers Sau gesehn
wie rasant die Auto fuhr?"
„Ja – ich kam im Stau zum Stehn,
sah dann: Müller selbst war 's nur."

„Schau dir diesen Vollmond an!
Mein Johannes glüht wie Kohlen."
„Wie romantisch – liebster Mann –
soll ich dir ihn runterholen?"

Auf ein Wort

Ein Stichwort sticht im Wortgefecht
mit Floskeln auf ein Schlagwort ein
und fühlt sich dabei noch im Recht –
will selbst es Schlüsselwort doch sein.

Es nimmt das Schimpfwort in die Pflicht,
verspricht vom Unwort sich sein Glück –
doch als es tief ins Schlagwort sticht,
schlägt dies mit Wortbruch voll zurück.

2. Bizarr

Bizarr

Es klingt schon irgendwie bizarr,
erklärt zum Narren dich ein Narr.

Bizarrer noch wirkt 's sicherlich,
nennt geisteskrank ein Irrer dich.

Doch am bizarrsten mutet 's an,
klatscht wer Applaus zu beidem dann.

Blickwinkelzeit

Während der Blick in die Vergangenheit
den Spiegel der Probleme aufpoliert,
wird der Blick in die Gegenwart
ihn wieder beschlagen lassen.
Aber der Blick in die Zukunft
will ihn ganz abhängen.

Bumerang

Wer nicht den allerkleinsten Fehler duldet
und jedem Menschen erst einmal misstraut,
der hat 's in jedem Falle selbst verschuldet,
dass man ihm kleinlich auf die Finger schaut.

B(e)igott!

Bei Gott! Jetzt kauf ich endlich mir ein Los
am Stand dort der Gesinnungslotterie –
'nen kleinen Schein für Heiligkeit macht 's bloß!
Wo leg ich 's Geld an? In Bigotterie!

Begriffen

Ich bin im Begriff, diesen Griff zu begreifen,
mit dem sich der Greifer an Freiheit vergreift.
Der Inbegriff Schläue – man nennt 's auch Ergreifen –
ermöglicht den Angriff, eh 's jemand begreift.
Er greift nach dem Steuer der griffigen Worte
und lenkt einen Freigeist auf 's tückische Riff.
Entzieht sich dann dieser dem Griff übler Sorte,
braust wütend er auf – hat sich selbst nicht im Griff.

BH und HB

Gleicht dein alter einem Strumpf?
Lockt er nicht die Männerwelt?
Dann kauf dir den von Triumph,
der – was er verspricht – auch hält.
Zwickt dich dennoch dein BH?
Schenkte dir die Wäschefee
keinen wahren Wonderbra?
Greife lieber zur HB!
Dann geht wie von selbst dir alles
ohne ihn – im Fall des Falles.

3. Chamäleon

Chamäleon

Ein Mensch,
der sich flexibel nennt,
nur selten Farbe
auch bekennt.

Coach oder Couch?

Quält dich dein Coach derart beim Sport,
dass deine Glieder klagen: „Autsch!",
dann lass ihn stehn am Folterort
und leg zuhaus dich auf die Couch.

Chaot

Man ist
noch lange kein Chaot,
folgt man
nicht jeder Uhr Gebot.

C und Zeh

Was hat des Sängers hohe C,
zu dem sein Ehrgeiz gerne neigt,
gemein mit seinem kleinen Zeh,
auf den ein fremder Fuß ihm steigt?

Getroffen falsch – tun beide weh.

(S)Chatten

Chatten finden wir famos
bis das Schicksal uns ereilt:
Schatten wird der nicht mehr los,
der sein Licht mit jedem teilt.

Crea*-Tief

Die Crea macht heut eine Tour
zum See und denkt darüber nach:
Ist er wohl tief gar oder nur
ein seichtes Pfützchen – flach?

Da raunt 'ne Stimme aus dem See:
„Du – Crea – tief ist relativ.
Wer winzig wie dein kleiner Zeh,
für den ist flach schon ziemlich tief.

*Crea ist ein weiblicher Vorname, der in Irland häufiger vorkommt.

4. Denkanstoß

Denkanstoß

Gedachtes will geschrieben werden –
nicht immer reicht die Zeit dazu.
Geschriebnes will bedacht erst werden –
schlimm, wenn die Zeit reicht nicht dazu.

Details

Die ausschließliche Konzentration
auf den Pinselstrich des Malers
oder die Note des Komponisten
kann deren Werk kaum erfassen.
Betrachter und Zuhörer verlieren sich im Detail.

Dick und dünn

Ist um dich allzu dick das Luftgemisch,
verschaff dir eine ebensolche Haut,
denn mit 'ner dünnen wird die Luft für dich
schnell gleichfalls so, dass dir 's beim Atmen graut.

Die Wüsten

Wenn doch nur die Wüsten in Wüsten wohl wüssten,
dass Fata Morgana kein Luxushotel,
dann wünschten sie sich, dass sie küsste an Küsten
des Morgens die Fata aus Luxor noch schnell.

Dominik und Domina

Der Dominik, der mag 's bestimmt
– der Domina sei 's unbenommen.
Wenn sie ihn nachts und tags bestimmt,
fleht Dominik leis und benommen.

Die Domina befiehlt ihm: „Na!
Los mach! Schlagartig wirst du kommen!"
Und Dominik? Der nickt sein Ja:
„Mach los! Schlag! Artig will ich kommen.

Dreimal lieber

Lieber lauwarm duschen
als zu heiß zu baden.

Lieber ein Küssen im Vollmondenschein
als voll der Trottel im Müssen zu sein.

Lieber ein verhaltenes Lächeln
als ein lächerliches Verhalten.

5. Erinnerung

Erinnerung

Sie flicht das Wirrwarr der Gedanken
zu einem festen Bilderzopf,
lässt bunte Fäden um ihn ranken
und schmückt damit das Herz im Kopf.

Eins

Der Mensch, den du für dich begehrst,
will der sein, den du auch verehrst.

Eigen? Tor!

Liegt Eigenlob beim Menschen vor,
will er im besten Licht sich zeigen.
Man nennt ihn dann mitunter eigen –
doch eigentlich denkt man: Du Tor!

Eh Mann se

Sturmfrei endlich ist das Haus,
stürmisch aufgelegt der Mann,
reißt sich gleich die Hose aus,
stürmt mit seiner Lanze an.

Ruhe endlich ist im Haus
und ruhig aufgelegt die Frau,
ruht sich von der Arbeit aus,
wird nicht aus der Lanze schlau.

Sturm verflacht im Wasserglas,
Einsicht wächst – es schrumpft der Mann:
Frau bestimmt das Wann-Wo-Was
und das Wie, eh Mann se dann ...

Ein Buh mehr rang als klang

Wann immer es ums Schimpfen ging,
warf er es nach den Zeitgenossen.
Je mehr es rang – das krumme Ding –
klang desto stärker er verdrossen,
denn 's Buh kam glatt zurück geschossen.

Einfalt trifft Vielfältigen

„Beschränkt sich Vielfalt auf die Jungen?",
so fragt die Einfalt mich – den Alten.
Ich sage: „Quatsch! Mir ist 's gelungen:
Erst jetzt entfalt ich viele Falten."

6. Fehlurteil

Fehlurteil

Wer sich ein Urteil dann nur barsch verbietet,
wenn dies sich einmal auf ihn selbst bezieht,
und übers Urteil flott sein eig'nes schmiedet,
der macht doch sicher etwas grundverkehrt:
Er stellt sich bloß und in das erste Glied
vor jene, über die er sich beschwert.

Feingrob

Das Feingefühl einer Frau liegt in dem Detail,
das der Mann fürs Grobe leicht übersieht.

Freude

Wer der Freude misstraut,
schiebt den Frust vor sich her
und so niemals durchschaut,
dass schon wenig ist mehr.

Flegel nur pflegen ihr Phlegma

Als Eigner fortgeschritt'nen **Alters**
spiel' ich die Rolle des Verwalters
von dem, was einst beweglich war
und sich erweist heut ziemlich **starr.**
So schleppe ich die müden Glieder
zum Sport, trainiere vor mich hin
und ford're mein Hirn immer wieder
– nach Phlegma steht mir nicht der **Sinn.**

Frag(l)ich

Wenn man viel auf dem Sofa nickt,
ist man dann schon ein Philosoph?
Wenn im Roman der Held falsch tickt,
hält er Romantik dann für doof?
Wenn jemand sich ein Boot anschafft,
hat der 'ne Botschaft zu verkünden?
„Verdammt sei wer nach Reichtum rafft!"
Ob der Satz reicht, um 's Wohl zu gründen?
Lobt Mann sich seinen ‚tollen Ranzen',
hat er dann Toleranz geübt?
Will Frau eh nur den Mann gern sehn,
sind dann Emanzen schon betrübt?

Fülle und Leere

Der Fülle an Füllwörtern Leere
gereicht einem Satz nicht zur Ehre.

7. Geschmacksache

Geschmacksache

Es bleibt eine Frage des guten Geschmackes,
ob man bei jedem Würstchen seinen Senf dazugibt.

Gedankenflu(ch)t

Er dachte, er denke zu wenig noch nach –
so schürfte er tief nach neuen Gedanken.
Er wendete sie, doch nicht einer entsprach
dem Anspruch, in dem seine Wünsche versanken.

Er grübelte weiter, verlor klaren Blick
auf seine Umgebung – sich drehend im Kreise.
Er suchte im Denken vergeblich sein Glück
und die, die ihn liebten, verließen ihn – leise.

Gegenwart sucht Gegenwort

Ach – sei uns immer wieder gegenwärtig es:
das Handeln immer gegen Widerwärtiges!

Genitiv

Der Nominativ gibt heut so was von an:
„Ihr anderen seid nur ein schnödes Objekt!"
„Nicht ganz!", amüsiert sich der Genitiv dann.
„Im Fall **meines** Falles gehört mir 's Subjekt!"

Gedoppelt

Auf Tischdeckentuches schneeweiß rundem Kreis
verspeisten zwei Zwillinge fleischigen Braten,
von dem sie schon vorher und früher bereits
vermutend erahnten, dass – was hier abseits
des guten Geschmackes – sie scheinbar wohl taten:
Sie aßen vom Fleisch eines Schimmels in Weiß.

Was ist nun die Würze in diesem Gericht?
Es ist pleonastisch ein Lyrikgedicht.

Gram oder Tick?

Es erfüllt mich mit Gram – oder ist es ein Tick,
bleibt kein einziges Gramm im poetischen Dunst
dem Gespür für Grammatik und Ausdrucksgeschick
und stattdessen Kram artig die Sprache verhunzt.

8. Harmonie

Harmonie

Suchst du Harmonie um jeden Preis,
ist dies oft ein schwaches Unterfangen,
weil ihr Zielobjekt dann sicher weiß:
Ist sein Plan erst einmal aufgegangen,
kann es mehr und mehr von dir verlangen.

Hutschnur

Es ist heilsam,
die Hutschnur nur so weit
nach oben zu schieben,
dass oberhalb von ihr
der Verstand noch
die Selbstachtung pflegen kann.

Hampelmann

Der Bittsteller ist das Spielzeug der Willkür.

Hindu kusch!

Dereinst verlief sich mal ein Inder
im Grenzgebiet nach Pakistan.
Ganz unbekümmert staunten Kinder,
weil sie noch nie 'nen Hindu sah'n.

Die Alten schimpften doch, als er
durch Kaschmir sich zum Hindukusch schlich
und riefen drohend hinterher:
„Was suchst du hier denn? – Hindu kusch dich!"

Herr Aufdringlich trifft Frau Eindringlich

Beim Klassentreffen 60+
lallt Otto – arg beschwippst – zu Lotte:
„Du warst und bist mein süßes Lottchen!"
und schürzt die Lippen für 'nen Kuss.
Der Lotte doch macht dies Verdruss.
„Dich ziert noch immer die Marotte:
du sammelst mit dem ‚chen' Maskottchen!"

Harmlos

Man kann sich glücklich schätzen,
wenn man auf die Frage
„Empfindest du in der Beziehung Harm?"
„Oh – nie!" antworten kann.

9. Inspiration

Inspiration

Wahre Inspiration bedeutet,
dass man mindestens
so viel Sauerstoff ausatmet,
wie man eingeatmet hat.

Ignorant

Wer seine Schwäche runterspielt,
obwohl sie ihm doch selbst bekannt,
und schimpft, weil er nach Beifall schielt,
den Starken dann noch arrogant
hat jede Achtung glatt verspielt –
man buchstabiere: I-g-n-o-r-a-n-t.

Intoleranz

Intoleranz
ist die Endstufe
des Realitätsverlustes.

Ihr stank es

Man hörte im Studio ein klagendes Stöhnen:
Gebadet im Schweiße der Theo da rannt'.
Doch stöhnte nicht Theo – es kam von der Schönen:
Sie reichte dem Theo ein Deodorant.

Interimslösung

Im Team intim
ist legitim –
auch interim,
denn immerhin
macht das mehr Sinn
als nimmer drin.

Itze

So ungern ich bei einem Arzt rumsitze
– nur weil der meint, ich brauche eine Spritze –
so wenig mag ich, dass ich dort dann schwitze
in eines vollen Wartezimmers Hitze,
in dem aus jeder zweiten Körperritze
Geruch lässt rümpfen mich die Nasenspitze.

Du meinst: „Erzähl mir bitte keine Witze!"?
Mitnichten – schau wie ich von dannen flitze!

10. Jagen

Jagen

Jagst du nur auf den Spuren Andrer
dem hinterher, was dir verschreibt
der Zeitgeist? Dann gleichst du dem Wandrer,
der ohne eig'ne Spuren bleibt.

Jammertal

Machst Urlaub
du im Jammertal,
erreicht dich kaum
ein Sonnenstrahl.

Jähzorn

Weil er ebenso schnell auftaucht
wie er sich dann verzieht,
ist sein Erscheinen
von vornherein
überflüssig.

Jadebusen

„Magst du mit mir am Nordseestrand
romantisch in den Dünen* schmusen
und streicheln mich mit zarter Hand?"
„Ich will! Und streicheln? Ja – den Busen."

*Der Jadebusen verfügt über einen künstlich angelegten
„Dünenspielgarten" am Banter See.

Jungunternehmer

Wer schon jung unter Nehmern
erfolgreich agiert
sich im Alter als Geber
wohl kaum präsentiert.

Japanisch

Die Kernkraft birgt für uns Gefahr.
Das ahnt' ich.
Seit Fukushima spür ich sie
– ja – panisch!

11. Kostprobe

Kostprobe

Gerne in einem guten Buch zu lesen
muss ja nicht heißen,
gleich den ganzen Verlag kaufen zu wollen.

Karren

Man sollte sich vor einen Karren,
der aus dem Dreck zu ziehen ist,
nur dann spannen lassen,
wenn man ihn auch in denselben gefahren hat.

Kinderkram

Es sei für uns der Kinder Gram
beileibe nie ein Kinderkram.

Katers Strophe

Was kann 'ne Strophe denn dafür,
wenn man sie liest als Katastrophe?
War der Poet bei seiner Kür
besoffen, wird 's halt Katers Strophe.

Konjugierter Lautmal-Nippes

Ich nippe an 'nem Glas voll Tee,
genieße meinen Feierabend.
Du tippst die Töne in Moll D –
das klingt für 's Ohr die Leier labend.

Er schnippt erst mit dem großen Zeh,
bevor er läuft zum Weiher – trabend.
Sie wippt mit ihrem Dekoltée
und wünscht sich einen Freier habend.

Es flippt das Huhn aus – mit doll Weh –
vergeblich nach den Eiern grabend.
Wir strippen heut' im Separée –
geladen ist zum Dreier-Abend.

Ihr schippt mal wieder so toll Schnee –
am besten ist der Meier schabend.
Sie zippen gern auf USB-
Stick – Platz für Bits ist frei er habend.

Kreadingsbums

Bist du im Kreaturtief?
Verharrst im öden Mief nur?
Läuft es auf weiter Flur schief?
Dann mach 'ne Kreativtour!

12. Laut und leise

Laut und leise

Die Dummheit sucht sich gern den Streit,
ist man auch nicht dazu bereit.
Man bleibt dann besser einfach leise
und denkt für sich – vielleicht ist 's weise:
„Warum muss nur zu aller Pein
so furchtbar laut die Dummheit sein?"

Lippenbekenntnis

frei nach Faust I, Vers 765

In Worten, die jemals ein Mensch zu dir spricht,
liegt niemals Gewicht,
wenn der Mund sie nur drischt.

Liebesband

Der Liebe Band – ein schönes Bild
dafür, dass man einander sehne.
Doch für dies Bild vor allem gilt,
dass man das Band nie überdehne!

Lautverschiebung

Ein Aphorismus in sich weint:
„Wo ist denn mein Gehaltvoll bloß?
Der Amorphismus dazu meint:
„Du bist wohl die Gestalt voll los!"

Lebenslang

Sie stehen lebenslang
für ihren Partner ein –
doch säßen sie derart,
dann fänden sie 's gemein.

Lust-Tick

Ein lauernder, lustiger Lust-Tiger
traf eine mondäne Hyäne.
Beim Liebesspiel wurde es schwieriger:
sie stritten wer Hobel – wer Späne.
Der Tiger erklärte in lachendem Ton:
„Als Jäger spiel ICH mit der Beute!"
Da schlich die Hyäne beleidigt davon,
leis murmelnd: „Wen fress ich nun heute?"

13. Meine Seite

Meine Seite

will eingebunden sein
in das schönste Kapitel
deines Buches,
statt ein loses Blatt
in deiner Sammlung zu sein.

Misstöne

Endet eine lautstarke Ankündigung
in einem peinlichen Schweigen,
dann lagen dazwischen schräge Töne.

Menü aus der Liebesküche

Ein Menü entfaltet
seine besonderen
Geschmacksnoten
in den Pausen
zwischen den Gängen.

Maßstab

Sie legte – was den Sex betraf –
schon immer hohen Maßstab an.
Dies hauchte sie – verrucht statt brav –
mal wieder jüngst zu einem Mann.

Der fand das prickelnd int'ressant,
erhoffte sich ein wildes Weib
und flirtete – zunächst galant –
in Richtung Lust als Zeitvertreib.

Wie 's nun zum Allerletzten kam,
war er gespannt auf IHR Niveau.
Doch dann, weil sie es wörtlich nahm,
maß sie den Stab – und er? Er floh.

Manches

Wer über manchen manches sagt
– dies hinter vorgehaltner Hand –
und manches manches Mal beklagt,
doch weder 's Du noch Klartext wagt,
der setzt sein Wort voll in den Sand.

Miss-Verständnis

„Miss – darf ich Ihren Venushügel sehen?"
„Was fällt Ihnen ein? – Das ist doch der Gipfel!"

14. Nachtisch

Nachtisch

Ein guter Nachtisch
ist die beste Vorspeise
für die nächste Mahlzeit.

Nachgefragt und nachgehakt

Wer stets beklagt,
was nagt und plagt,
verzagt, nichts wagt
der sei gefragt:
Hast du dem Leben schon entsagt,
weil momentan dein Glück mal hakt?

Nach Denken

Nachdenken
ist die Beschäftigung mit dem,
was **nach** dem Denken
kommen könnte.

Nie wo

Hat man sich kein Niveau gebucht,
weiß man nie wo der Tiefsinn ruht.

Nur einmal nachts?

Ich las 'nes Mannes Buch zur Nacht,
worin den One-Night-Stand er pries.
Ich hab für mich ganz leis' gelacht,
als ich dies Wort mal wirken ließ.

Ich frag mich was bei dem abgeht
– vielleicht bin ich ja Pessimist –
wenn seiner ihm nur einmal steht
und das auch nur, wenn 's dunkel ist?

Nie!

Wenn sonntags Sepp zur Beichte musste,
gab 's etwas, das ihm stets missfiel.
Dies war die Frage – die bewusste:
„War etwa Unkeuschheit im Spiel?"

Doch heut ist Sepp saugut gelaunt
und haut vor Spaß sich auf die Knie,
als stumm des Pfarrers Frage staunt
auf seine Antwort: „Oh! Na – nie!"

15. Ohne

Ohne

Kreativität gebiert Ideen,
ohne den Plan verfolgen zu müssen,
den Aktionismus schmiedet,
ohne einer Idee folgen zu können.

Offen gefragt

Erfüllt dich 's mit Betroffenheit,
wenn Schein das wahre Sein besiegt?
Dann bist du Freund der Offenheit,
die falschen Eid als solchen wiegt.

Ohn(e) Macht

Derjenige, der etwas kann
ohne es zu tun,
überlässt das Feld demjenigen,
der etwas tut
ohne es zu können.

Omegahoch

Oh – megaschön ist dieses Hoch!
Es bleibt uns treu für viele Wochen.
Beschreibt das O ein Tief jedoch,
wird „megaschön" kaum ausgesprochen.

Oh Stern!

Ich seh im Osten einen Stern
– er mag mir wirklich gut gefallen –
und ruf: „Ich hätt' dich näher gern.
Oh Stern! Du schönstes Licht von allen."

Der Stern jedoch verharrt ganz still
und legt sich in sein Wolkennest.
Was ich damit nun sagen will?
Zu Ostern steht auf **Ost er – fest**!

Oh Weihnacht!

Oh – wein nachts diesmal nicht so rum,
weil dir der Christbaum ist zu krumm.
Oh Weihnachtsgans du bist zwar nett –
doch liegt im Magen schwer dein Fett.
Oh Wein! Acht 's Maß vor allen Dingen –
lass Glocken mehr als Gläser klingen.

Oh Weihnacht mach, dass uns – den Frommen –
die Nacht, die Gans und Wein bekommen!

16. Pass auf!

Pass auf!

Pass auf – sonst steckst du flott in Nöten,
wenn dich wer solidarisch nennt,
doch dies nur um SEIN Lied zu flöten
und dich benutzt als Instrument.

Passende Kragenweite

Lieber Speck im Nacken
als Ärger am Hals!

Präpositional

Wer **Hinter**gedanken hegt,
erreicht **vorder**gründig
den **Auf**stieg,
erzielt aber **nach**haltig
den **Ab**sturz.

Platzwechsel

Stehen zu bleiben
erweist sich als fruchtlos.
Vorwärt zu schreiten
erfordert: sei furchtlos.

Paul und Paul

Auch *schon Paul sagte* neulich froh:
„Ich freu mich riesig auf den Lenz!"
und *Jean-Paul Sartre* ebenso:
„Im Zentrum steht die Existenz!"

Plattes in die Tüte

Sie ist so platt –
du meine Güte!
Ihr Lack bleibt matt,
weil sie nie mühte
um Farben satt
sich wie 'ne Blüte.
Ich pack sie glatt
in eine Tüte,
entsorg, anstatt
ich sonst noch wüte:
die Plattitüde.

17. Querulanten

Querulanten

Sie sollten sich lieber
einmal
in eine Ecke stellen,
als immer
an allen Stellen anzuecken.

Quälgeist

Quält dich mit Sorgen
arg dein Geist,
wirst du zum Quälgeist
selbst dann meist.

Quadriga

Quadriga schmückt ein Bauwerk mir:
Eirene – Göttin uns beschieden –
spannt starke Hengste – derer vier –
vor ihren Wagen – uns zum Frieden.
Doch einsam fühlt sich heut auf Erden
die Göttin – samt nun müden Pferden.

Quotenfrau

Fordert für die Zofen
wer die Frauenquote,
gilt nur unter Doofen
dieses nicht als Zote.

Quarbrett

Gedanken beim Verlegen neuer Dielen

1. In meinem hat so mancher einen Stein.
2. Im Plural kann es wem die Welt bedeuten.
3. Ins dünne bohrt ein Greenhorn laufend rein.
4. Es schmückt die Schädel von beschränkten Leuten.

Quallenfall

Das Leben einer Tiefseequalle
ist monoton schon allemal
und im besonders öden Falle
ist sie sich selbst noch der Gemahl.

18. Realität

Realität

Die Phantasie
bezweifelt nie
was der Phantast
daran so hasst.

Richter und sein Spruch

Es ist ums Recht dann gut bestellt,
wenn er sich selbst gerecht verhält.
Doch steht's ums Recht wohl immer schlecht,
verhält er sich nur selbstgerecht.

Reichlich arm

Es ist reichlich arm,
sich als Reicher in Schale zu werfen,
anstatt dem Armen
etwas in die Schale zu werfen.

Rat-Rad-Schlagen

Drehst du arg gestresst*
schon recht tüchtig am Rad,
so währt es nicht lang:
Du kommst unter die Räder.
Drum nimm dir dein Rad
– dieser Rat ist nicht teuer –
und schlag' ausgelassen
ein Rad vor dem Rad!
Dann radle nicht radlos
noch rastlos und ratlos ...
los!

* reimloser Daktylus mit Auftakt

Rezept

„Dein Tun verwundert immer wieder –
verrat uns deine Lebenskunst."
„Mein G'müt blickt sonnig auf euch nieder –
so hab ich keinen blassen Dunst!"

Rohrspatzen

Rohrspätzin und Rohrspatz
verständigen sich
*per Fide*rallala.

19. Selbstmitleid

Selbstmitleid

Selbstmitleid ist jener Zustand
einer Zufriedenheit darüber,
dass es einem schlecht geht.

Stark und schwach

Die Stärke eines Mannes besteht darin,
gegenüber einer Frau auch schwach sein zu dürfen
und nicht darin, bei jeder schwach zu werden.

Sorg(en)falt(en)

Wenn stets du lässt die Sorgfalt walten,
vertreibst du damit Sorgenfalten ...
... auch wenn es nicht die eignen sind –
bestimmt freut sich ein Menschkind.

Seltsam

Wenn Flügeltiere Flügel schwingen,
dann steigen sie zur Sonn' empor.
Doch Flügeltüren wird 's misslingen –
sonst käme es uns seltsam vor.

Sich trauen

Wem heut die Heirat heiter rät,
zu schau'n, ob 's Gold ist, was da glänzt,
für den ist 's nicht zum Nein zu spät –
weil er die Trauung flott noch schwänzt.

Wer heut sich noch die Trauung traut
ist frei von jener Angst Relikt,
dass er mal in die Röhre schaut –
weil Liebe ihn zur Hochzeit schickt.

Wem heut die Hochzeit hohe Zeit
bedeutet tief im Herzensgrund,
der ist für 's große Glück bereit –
weil dies gedeiht im Lebensbund.

Wer Lebensbund im Leben bunt
gestaltet nach des Malers Art,
den küsst tagfrisch ein roter Mund –
weil er an Farben niemals spart.

Sym und metrisch

Ich sichte mein Gedicht und dichte dein Gesicht
Leserichtung freigestellt

Geschicke erblicken	Sich Blicke zuschicken
Dem Feuer zusteuern	Das Steuer verfeuern
Bis Sehnen sich dehnen	Dank denen, die sehnen
Das Brennen erkennen	Im Kennen verbrennen.

20. Tatsachen

Tatsachen

Tatsachen zu schaffen
ist in der Tat
die Sache der Waffen.

Treue

Die Treue
– vor allem auch zu sich selbst –
ist Voraussetzung
für die Liebe
... und nicht umgekehrt.

Trampel

„Vorsicht ist die Mutter der Porzellankiste
und Rücksicht ihr Vater",
sagt sich der Graue mit dem Rüssel –
und trampelt hinein.

Thema Kaffee

Ach – bist du so nett und machst mir 'nen Tee ma'?
Zwar hätte ich lieber 'nen guten Kaffee ...
Natürlich – sehr gern – das ist doch kein Thema.
Es gibt ja nichts andres in diesem Kaff eh!

Tabulos

Es war mal ein Tabu –
das wär' sein Los gern los.
Da sprach der Zwang: „Nanu –
was willst du von mir bloß?"

„Ich mag, dass du mir nähmst
einmal den Ruch des Bösen
und dich nicht meiner schämst,
weil los heißt auch: sich lösen."

Theo rief an

Der Theo rief an: „Du – ich hab ein Problem:
Mein Weib lässt mich niemals ein nettes Wort hören.
Ich suchte den Arzt auf und kaufte zudem
ein Buch über 'Wie sind die Frau'n zu betören?'."

„Du Theo – hör zu – ich geb dir einen Rat,
denn Praxis war nie unbedingt deine Stärke:
Gib auf, Theorie-Fan zu sein! Schreit zur Tat
und gehe als Mann einmal praktisch zu Werke.

21. Über Beziehung

Über Beziehung

Auch ein Beziehungskonto
hat einen
beschränkten Überziehungskredit.

Unmäßig anmaßend

Die Hüter von Verhaltensregeln,
die sie auf schlaffe Fahnen schreiben,
gehören zu den größten Flegeln,
wenn sie nicht auf dem Teppich bleiben –
nur um ihr eitles Spiel zu treiben.

Unlogisch

Immer wenn es
so richtig dick kommt,
verliert man
besonders an Gewicht.

Über Mut

Übermut weiß
so viel über Mut
wie Fontänen von Dänen –
nämlich nichts!

Unrund

Wenn
es **rundgeht**,
ist dies immer noch besser,
als wenn
es **unrund läuft**.

Unterschiedlich

Ich will –
aber kann nicht
und lebe die Qual.

Ich kann –
aber will nicht
und hab freie Wahl.

22. (V)Erfolg(t)

(V)Erfolg(t)

Wenn 's Streben nach Erfolg aus Zwang erfolgt,
dann wird der Streber bald nur noch getrieben.
Es folgt: Er folgt nicht mehr – er wird verfolgt
und vom Erfolg erfolgreich aufgerieben.

Vermeidbar

Wenn du dir den Schuh,
den man dir hinstellt,
nicht gleich anziehst,
kann er dich auch nicht drücken.

Vorbild

Ein echtes Vorbild
wird nicht dadurch geschmälert,
dass man sich von ihm
eine Scheibe abschneidet.

Verstanden?

Es gibt Versonkel und *Verstanten*,
die haben 's nicht so recht verstanden,
dass, wenn man *Vers* mit *Tand* verfasst,
man leicht Verstand und Sinn verpasst.

Fährst an den Versen du vorbei,
ist 's dem Verstand nicht einerlei.

Vor(ur)teil

Ein wohlbedachtes Urteil
besitzt den Urvorteil
vor jedem Vorurteil.

Versuchung

Der Zauber deiner Liebe entzaubert
jede fremde Versuchung
als einen Versuch,
der nicht finden wird
wonach er sucht.

23. Wege

Wege

Viele Wege zu kennen
muss nicht heißen
den Ausweg zu finden.

Weghören

Für 's Ohr gelebter Sachlichkeit
sind Launentöne furchtbar weit
von dem entfernt was gut und recht.
So sagt das Ohr: „Ich hör wohl schlecht."

Weißmacher

Er hat sich für seine recht schmutzige Weste
das Weiß heut als Weißmachermittel erkoren.
Der Weisheit noch kläglich verbleibenden Reste
gehn – so übertüncht – für immer verloren.

Weibliche Lautverschiebung

Er dachte, dass sie immer bei ihm bliebe –
vertraute er doch ihrer Nächstenliebe.
Sie dachte, dass sie nimmer bei ihm bliebe –
vertraute sie doch ihrer nächsten Liebe.

Wenn Mann ans Gerät gerät

Wenn Herr Rasant sich ein Gerät anschafft,
gerät er ungeduldig in die Lage,
dass er sofort probiert – mit grober Kraft –
schon ist 's kaputt! Zu spät dann seine Frage
„Warum, was, wie, wo funktioniert?" gerät.

Nun ist 's ein Wer-in-Funktion-irrt-Gerät.

Wüste(n)-Kompromisse

Ein Reisender im Wüstenland
was wirklich Wüstes jetzt enthüllte.
Ihm wurd' von einem Scheich bekannt,
wie listig der den Harem füllte:

Er lud Touristen zu sich ein –
doch immer nur die Frauenscharen –
und ließ sie frei erst wieder sein,
nachdem sie ihm gefügig waren.

Beschwerte sich darauf 'ne Frau,
weil ihr das Wüste unerträglich,
beruhigte er: „Du weißt genau –
ich komm' pro Miss nur einmal täglich."

24. X-Rays

X-Rays

Strahlen dich leuchtend
ein paar Augen an,
wollen sie dich vielleicht
nur durchschauen.

Xylophon

Nicht jedes Stück Holz,
auf das jemand schlägt,
erzeugt einen wohlklingenden Ton.
Das kann sowohl am Holz,
am Schlägel
als auch am Jemand liegen.

Xanthippe droht

Bist du noch mal derart beschwippst,
dann ix ich mir das „X" gleich fort
und treib mit dir des Wortes Sport,
bis du aus deinen Latschen kippst.

25. Yeti-Syndrom

Yeti-Syndrom

Man muss nicht auf
ganz großem Fuße leben,
um Spuren der Nachwelt
zu hinterlassen.

Yin und Yang

Prinzipien, die im Kern sich unterscheiden –
und doch einander eng bezogen sind,
weil 's Amt des Gegenpols sie so bekleiden,
dass sie sich gegenseitig – statt zu meiden –
ergänzen wie die Flaute und der Wind.

Yacht-Jagd

Auf dem Deck der Luxus-Yacht
hält der Eigner sich 'ne Magd,
spielt den Jäger dort und macht
auf das zarte Rehlein Jagd.

26. Zufriedenheit

Zufriedenheit

Zufriedenheit heißt,
die inneren Wünsche
vom äußeren Maßstab
zu befreien.

Zu viel

Es wird einem
dann alles zu viel,
wenn jedem
alles zu wenig ist.

Zwangsläufig

Von dem, der sich stets
auf Einbahnstraßen bewegt,
kann man kein
Entgegenkommen erwarten.

ZwangHaft

Geregelt
verregelt
verriegelt
besiegelt!

Zeremonie am kalten Buffet
oder
Die Gastgeberin

Zehre Moni von den Resten,
die du rettest vor den Gästen.
Musst nicht alles ihnen geben –
auch der Geber soll gut leben.

Zurückhaltung

Lieber hintenanstehen
als vornüberfallen.

www.tredition.de

Über tredition

Der tredition Verlag wurde 2006 in Hamburg gegründet. Seitdem hat tredition Hunderte von Büchern veröffentlicht. Autoren können in wenigen leichten Schritten print-Books, e-Books und audio-Books publizieren. Der Verlag hat das Ziel, die beste und fairste Veröffentlichungsmöglichkeit für Autoren zu bieten.

tredition wurde mit der Erkenntnis gegründet, dass nur etwa jedes 200. bei Verlagen eingereichte Manuskript veröffentlicht wird. Dabei hat jedes Buch seinen Markt, also seine Leser. tredition sorgt dafür, dass für jedes Buch die Leserschaft auch erreicht wird

Autoren können das einzigartige Literatur-Netzwerk von tredition nutzen. Hier bieten zahlreiche Literatur-Partner (das sind Lektoren, Übersetzer, Hörbuchsprecher und Illustratoren) ihre Dienstleistung an, um Manuskripte zu verbessern oder die Vielfalt zu erhöhen. Autoren vereinbaren unabhängig von tredition mit Literatur-Partnern die Konditionen ihrer Zusammenarbeit und können gemeinsam am Erfolg des Buches partizipieren.

Das gesamte Verlagsprogramm von tredition ist bei allen stationären Buchhandlungen und Online-Buchhändlern wie z. B. Amazon erhältlich. e-Books stehen bei den führenden Online-Portalen (z. B. iBookstore von Apple) zum Verkauf.

Seit 2009 bietet tredition sein Verlagskonzept auch als sogenanntes "White-Label" an. Das bedeutet, dass andere Personen oder Institutionen risikofrei und unkompliziert selbst zum Herausgeber von Büchern und Buchreihen unter eigener Marke werden können.

Mittlerweile zählen zahlreiche renommierte Unternehmen, Zeitschriften-, Zeitungs- und Buchverlage, Universitäten, Forschungseinrichtungen, Unternehmensberatungen zu den Kunden von tredition. Unter www.tredition-corporate.de bietet tredition vielfältige weitere Verlagsleistungen speziell für Geschäftskunden an.

tredition wurde mit mehreren Innovationspreisen ausgezeichnet, u. a. Webfuture Award und Innovationspreis der Buch-Digitale.

tredition ist Mitglied im Börsenverein des Deutschen Buchhandels.

Zeitfracht Medien GmbH
Ferdinand-Jühlke-Straße 7
99095 Erfurt, Deutschland
produktsicherheit@kolibri360.de